Adolfo de Paz

LA SOCIALIZACIÓN DE LA RIQUEZA

LA SOCIALIZACIÓN DE LA RIQUEZA

A Cristina.

INTRODUCCIÓN

El pensamiento económico que prevalece en nuestros días, incluso el más progresista, se mantiene en un contexto demasiado limitado como para innovar en el ámbito social. Después de las convulsiones sociales que tuvieron lugar en el siglo XX y sus consecuentes políticas de divergencia, al conformismo teórico y práctico de una clase media acomodada y consumista en la actualidad se le suma una protesta globalizada y dispersa que no posee una acción teórica concreta. La ambigüedad del movimiento de los antiglobalización es una ventaja para los alineados en torno al sistema que pueden definir cualquier discrepancia como irracional.

Este es un libro de Filosofía, pero también de Economía y Sociología. Demostrar que la Economía no es una esfera independiente de la política y por tanto de la sociedad puede parecer obvio, pero en una autocomprensión cientificista de la razón cualquier pensamiento económico se presenta con una objetividad y una neutralidad totalitaria. En este sentido la Economía se ha convertido en ideología, la sociedad se fundamenta en el economismo como absoluto.

En esta obra hay una búsqueda de los fundamentos políticos de la Economía, esa es una de sus principales preocupaciones. La supresión de la Economía como fundamentalismo y de sus presupuestos ideológicos solo puede presentarse en una exposición argumental indicando la necesidad de su dimensión práctica, de ahí el carácter didáctico de este escrito. La tesis central que envuelve este ensayo de principio a fin es la socialización de la riqueza, que además corresponde al título, y su significado radica en que la riqueza se concrete en una realidad social junto con las consecuencias que ello supone.

Al margen de los tratados económicos y de los manuales sociológicos en este libro no se separa la crítica de la teoría, ni la descripción de la interpretación. En cualquier caso, ningún planteamiento es ajeno a la crítica. Si este escrito incita a la reflexión entonces mi propósito se hallará cerca de su finalidad.

I

FUNDAMENTOS SOCIALES E IDEOLÓGICOS DEL CAPITALISMO

*"En un país donde el único patrono es el Estado,
la oposición significa la muerte por consunción lenta".*

L. Trotsky

*"La actividad de una sociedad nunca puede superar
lo que el capital de la sociedad es capaz de
poner en movimiento."*

Adam Smith

Las causas materiales del capitalismo

El comercio y los mercados han existido desde épocas muy remotas pero su establecimiento como modelo de sociedad solamente aparece en la edad contemporánea.

El inicio del capitalismo como sistema social tiene sus causas materiales en la industrialización que fue acompañada con factores tan importantes como las mejoras técnicas y de producción en la agricultura, el crecimiento demográfico que se produjo en los siglos XVIII Y XIX, las nuevas rutas comerciales y la explotación de las colonias por parte de las metrópolis europeas.

La primera nación industrializada del mundo fue Inglaterra, sus recursos naturales y ser un país tradicionalmente marítimo y comercial creó una base muy importante para su desarrollo e industrialización. El resto de las naciones europeas tuvieron un inicio más lento y progresivo, en el caso de Francia las revoluciones políticas fueron una condición necesaria para el desarrollo industrial.

Con la industria se origina una transformación de la sociedad en la que se separa de un modo creciente el trabajo y el capital, el mercado y la división del trabajo se expanden para abarcar todas las esferas de la vida.

Algunas causas ideológicas e interpretaciones del capitalismo

Las causas ideológicas no se encuentran al margen de las causas materiales sino que determinan e interaccionan unas con otras.

La teoría de Max Weber sobre el origen del capitalismo:

Weber identifica la racionalidad instrumental propia del capitalismo con la racionalización social en general, de ahí procede su noción de la infalibilidad y certeza del advenimiento de la sociedad capitalista.La explicación idealista de Weber, que presupone la mentalidad capitalista desacralizadora del mundo posterior al calvinismo, pronostica un tipo de racionalidad que determina el desarrollo histórico y la sociedad en su conjunto. Tanto filosóficamente como moralmente, Weber es kantiano, de ahí su idealismo trascendental, pero con respecto a su política adopta el modelo social de Otto von Bismarck (Sennett), de tal modo que su sociología está muy enmarcada en el desarrollo específico capitalista alemán y es a su vez un seudoheredero de la tradición idealista académica alemana. En su equivocada interpretación de Marx, atribuye a éste una sistematicidad burocrática, es más, un burocratismo social absoluto y una determinación económica, justo lo que en realidad fue el modelo militarista bismarckiano y el fundamentalismo capitalista, así como el socialismo burocrático. La influencia de un determinado modelo de cristianismo fue uno de los probables factores para el nacimiento de la mentalidad capitalista pero no necesariamente el más importante, puesto que la religión, lejos de ser un modelo independiente de ideología tiene sus raíces en la materialidad de las relaciones sociales, de ahí procede su dimensión política. La religión muestra su estructura política y social en el momento en que se desmitologiza y se aprecia su origen material en las estructuras sociales. Al contrario de lo que pensaba Weber, la religión no ha favorecido o perjudicado en unas civilizaciones o en otras el desarrollo del capitalismo, sino que en Europa la ilustración y la secularización de la religión, que es una forma de desacralizarla, han permitido el desarrollo capitalista. En su crítica al socialismo expone que las religiones forman parte de las estructuras sociales y no sólo la economía. Esta crítica viene dada porque Weber no leyó o no entendió la obra de Marx "La cuestión judía" y su análisis de la superestructura. La religión ha sido un obstáculo para el desarrollo de las civilizaciones. El protestantismo no sólo fue un derivado religioso del cristianismo sino una desacralización y un puente hacia el materialismo tanto filosófico como social. La libertad religiosa y de pensamiento permitió a la ilustración democrática aislar a la religión hacia una esfera individual al margen de la política, del Estado y la sociedad, es decir, fue el debilitamiento de las religiones lo que ha permitido el desarrollo de la civilización occidental. La decadencia del cristianismo fue derivando hacia corrientes cada vez más desacralizadas y seculares, lo que no fue impedimento para que el capitalismo tuviese antecedentes y una identidad metafísico-religiosa de la que procede su fundamentalismo y gran parte de sus problemas y su entramado ideológico. Si la religión fue una fuerza precursora del capitalismo, también fue una fuerza reactiva del desarrollo social.

La interpretación de Karl Marx sobre el origen del capitalismo:

Fue Marx el que introdujo el término "capitalismo" en el siglo XIX refiriéndose a un sistema económico fundamentalista cuya finalidad metafísica consiste en perpetuarse impidiendo el verdadero desarrollo de las potencialidades humanas. El término podría ser sinónimo de economismo, es decir, la economía, que es un medio, es convertida en un fin en sí misma. El primer filósofo, padre teórico del capitalismo que describió la economía de mercado fue Adam Smith, cuya tesis principal consiste en que el beneficio económico individual contribuye al enriquecimiento de la sociedad en su conjunto. Smith, heredero del pensamiento utilitarista anglosajón, identifica el individualismo posesivo con el bienestar social y una moralidad superior. El Estado debe interferir lo mínimo imprescindible en las relaciones sociales que son relaciones de intercambio en esta nueva sociedad, porque Smith interpreta que la libertad es la libertad económica de los individuos. La economía es el fundamento que estructura la sociedad en todas sus dimensiones. Adam Smith eleva la economía como ciencia particular al pensamiento filosófico.

La mentalidad pragmática de los pensadores ingleses y de la sociedad inglesa dio lugar a la idea de que la riqueza no es una simple acumulación de bienes sino que la capacidad de producirla aumenta su potencial mucho más que la capacidad de almacenarla. El renacimiento, la reforma protestante y las ideas liberales de la Ilustración, fueron los precursores ideológicos de una nueva sociedad basada en la producción de la riqueza en lugar de en su almacenamiento, para ello era necesaria una Filosofía que relegara a la religión a un lugar secundario y defendiera la libertad del individuo burgués respecto al feudalismo. Las revoluciones políticas burguesas se unían al desarrollo material de la producción para dar origen a un mundo nuevo.

La filosofía de Karl Marx es fundamentalmente crítica, asistemática (por ser una filosofía de la praxis, es decir, orientada a la acción y no un sistema metafísico de pensamiento) y ética. En la "Ideología alemana" afirma que el ser humano se diferencia de los animales al producir sus propios medios de vida y, de este modo, produce indirectamente su propia vida material: "lo que los individuos son depende, por tanto de las condiciones materiales de su producción". A partir de esa producción se desarrollan relaciones sociales y políticas concretas.

La sociedad, el Estado, las religiones y los mitos nacen de unas condiciones materiales de existencia y de cómo los individuos desarrollan sus medios de vida. El pensamiento, el lenguaje, la filosofía, la moral y las leyes, están determinadas por la realidad de la vida, que en el caso humano es social, y por tanto de las circunstancias materiales: "No es la conciencia la que determina la vida, sino la vida la que determina la conciencia". La conciencia es un producto de la sociedad. Ante esta idea, puede parecer que existe un determinismo absoluto de la Naturaleza o de la vida sobre los seres humanos, pero hay que explicar que si los individuos producen y a la vez están condicionados por sus medios de vida entonces son determinados y libres al mismo tiempo (determinación no implica determinismo); que la conciencia sea biológica y socialmente creada es un referente de su origen concreto, y en su práctica concreta interactúa con la realidad material a la que pertenece y a la que transforma al mismo tiempo: la conciencia o el pensamiento, como el ser humano, es libre y determinada a la vez. Las explicaciones sobre el determinismo económico marxista responden a simplificaciones de su pensamiento, muchas de ellas realizadas desde las propias degeneraciones del marxismo (el Diamat, el maoísmo, etc.), pero lo cierto es que Marx intentó superar de un modo teórico y práctico la determinación económica, es decir, pasar del reino de la necesidad al reino de la libertad según sus propias palabras, pero no de un modo idealista tal como establece la tradición filosófica occidental, o el capitalismo que perpetúa las determinaciones naturales de los individuos. Los que poseen el poder material y la riqueza de una sociedad están cautivos de, a la vez que desarrollan, su ideología sobre la base de la producción material de los medios de existencia: ejercen su praxis dominante sobre una ideología determinista, el capitalismo es un determinismo económico, justo lo que los intereses mediáticos reprochan al marxismo.

Para Marx, el capitalismo tiene su origen desde los antiguos gremios de las primeras ciudades europeas, la expansión del comercio que originó el colonialismo creó unas características sociales diferentes: el enriquecimiento de la burguesía y su posterior dominio político. Con el comercio como principal fuente de creación de riqueza de las naciones en detrimento de la agricultura y la riqueza acumulativa comienza el desarrollo industrial. La base de la ideología economicista se inicia como una base material de producción, habiendo reciprocidad entre ambas. Por ejemplo, la reforma protestante y el descubrimiento de América fueron circunstancias materiales que desarrollaron una nueva mentalidad europea más progresista, se percibe de este modo como interactúan las causas materiales (que son primarias) con las de pensamiento, religión o ideología (que son secundarias).

La herencia del cristianismo en el desarrollo de la sociedad capitalista:

La tradición judeocristiana permanece en la nueva sociedad industrial a pesar de la desacralización del mundo que lleva a cabo el protestantismo como cristianismo adaptado al pensamiento burgués, y la reducción de la ciencia a conocimiento técnico instrumental al servicio del mercado. La teocracia y el monoteísmo se hacen mundanos en la nueva realidad industrial pero el fundamento metafísico del origen y creación del mundo se adapta a una teoría secundaria: es rebajado a causa mecánica, sin moral ni sentido. La verdadera causa y motor de legitimación es el sistema económico por sí mismo y en sí mismo. El capital organiza y estructura la sociedad como un sistema en el que se identifican los individuos y que subordina al Estado, la religión, la política, etc, es el absoluto hegeliano en pleno desarrollo. Dios se ha hecho concreto y mundano en la figura del capital pero conserva suficiente abstracción como para prometer la vida eterna y la felicidad en un supramundo de riqueza y progreso, a la vez que mantiene la sumisión y las creencias que unen a la sociedad en su conjunto. Si la religión promete la vida eterna y la felicidad a través del sufrimiento, la obediencia y el ascetismo, el sistema del capital promete a través del trabajo lo mismo, posee la misma esperanza alienante. El trabajador se convierte en mercancía, en cordero de Dios listo para el sacrificio. La posesión es el valor universal. La ética del trabajo de origen calvinista es una secularización de los grandes valores cristianos, esta transformación de la religión a intereses políticos y económicos concretos descubre su origen material: toda ideología nace de unas circunstancias materiales concretas. Al contrario que la explicación idealista weberiana, Marx no olvida la influencia del protestantismo como herramienta política e ideológica burguesa pero la interpreta desde el contexto social y circunstancial unido a las condiciones materiales de existencia y de producción de los medios de vida. Así, en la cuestión judía dice: "el dios de los judíos se ha secularizado, se ha convertido en dios mundano. La letra de cambio es el dios real del judío. Su dios es la letra de cambio ilusoria. (...) El cristianismo ha brotado del judaísmo. En el judaísmo nuevamente se ha resuelto".

Si Nietzsche anuncia que la decadencia de la religión cristiana iba a significar el advenimiento del nihilismo, la sociedad capitalista no es más que una etapa (como lo fue el renacimiento y la reforma) de esa decadencia, en la que la ciencia positivista como forma de conocimiento y el sistema económico como forma y estructura de la vida se hayan abocados a la ausencia de sentido. Si en toda la historia del ser humano el extrañamiento y la sumisión a un poder supremo y abstracto ha determinado las relaciones sociales, la última metafísica, el economismo, puede ser el final y el inicio de otra forma de vivir y entender la vida, en la que podamos crear el sentido en lugar de adoptarlo y en que nuestras potencialidades nos emancipen en lugar de sufragar la esclavitud.

Todas las religiones plantean un eterno retorno a la fuente original de la creación, incluso el cristianismo. La dimensión política de este planteamiento demuestra la necesidad de orden, repetición y estatismo en la sociedad. Las religiones no son fantasías inocentes sino racionalizaciones políticas y sociales que nacen de una necesidad de organización, jerarquía y dominio, así como un conocimiento del mundo que, lejos de ser neutral y objetivo, procede de una perspectiva social concreta. La ciencia ha retomado y suplantado a la religión en cuanto interpretación del mundo y la existencia desde una perspectiva mecanicista acorde con la sociedad industrial, donde el trabajo y la vida están mecanizados, heredando de la religión el mito de la objetividad y neutralidad metafísica.

El aristocratismo y la lucha por la supervivencia en el paradigma liberal:

La disociación entre los medios de producción y los productores otorga al capitalismo la verdad de ser el único sistema capaz de crear riqueza indefinidamente y de forma satisfactoria. Esta separación supone la necesidad de idealizar y reducir la emancipación del trabajo represivo alienado a un mero sueño utópico. La ideología de la escasez y la lucha por la supervivencia son principios fundamentales de la productividad constante y se encuentran en una sociedad con una riqueza sin precedentes, de ahí procede la idea de que el origen de la explotación y la miseria tiene su origen en la acumulación de capital. Por otra parte, la especialización de la política ha supuesto una exclusividad del poder en manos de expertos, así como la legitimidad de su estructura técnica y burocrática. Paradójicamente, la democracia capitalista ha conducido a la pérdida política del ciudadano aun más que en tiempos predemocráticos o revolucionarios. La formalización de los derechos democráticos (en forma de constituciones), el establecimiento de nuevas jerarquías, el centralismo del sistema político y la ausencia de independencia política en forma de representantes elegidos por medio del sufragio, ha convertido al sistema democrático en una seudodictadura temporal y aparente bajo la que se encuentra la opinión pública casi siempre manipulable y los intereses económicos de grupos de poder. Los partidos políticos actúan como empresas con un programa productivo más que de política real y realizan campañas de marketing y publicidad constantes sobre todo en periodos electorales. Con el trabajo asalariado, la división especializada y la participación en forma de derechos sociales de los trabajadores en la economía, se produce un proceso de disolución aparente de las clases sociales. El individualismo posesivo desplaza la conciencia de clase, así como la aparición del trabajo parasitario y las ocupaciones del sector servicios. La principal causa de la desaparición ideológica de las clases sociales viene dada por el desarrollo económico y el fin de la pobreza en grandes masas de población. Todo ello, unido a los logros de la lucha del movimiento obrero (que fue integrado en el sistema), ha aislado individualmente los problemas que antes eran colectivos (el paro, la pauperización, etc.). El proletariado ha sido asimilado por el sistema y hoy en día es el motor fundamental de su sostenimiento y perdurabilidad. Los trabajadores siguen siendo proletarios porque no son dueños de los medios de producción pero como consumidores y participantes sumisos e indirectos en la política, su categoría de clase social resulta difuminada y muy ambigua. Las desigualdades y las injusticias sociales no han desparecido pero gracias a la despersonalización de las colectividades ahora poseen un carácter individual: una injusticia o una situación económica desfavorable toman el carácter de una desgracia personal, desvinculando de este modo, incluso las crisis económicas, de su raíz política. La despolitización ideológica de la economía fundamenta y sistematiza la lucha por la supervivencia haciendo legítima la competitividad y las virtudes del más apto. De una forma abstracta e ideológica se han suprimido las clases sociales a favor de la creación de una amplia clase media, pero en un sentido material la expropiación de la riqueza se centra en circunstancias individuales aunque su verdadero trasfondo es colectivo. En el presente, la alienación afecta al conjunto de la sociedad en un sistema que lo estructura y que más allá de los intereses de sus propios creadores se ha convertido en teocrático y absolutista. La sociedad es estamental en el sentido de la posesión de la riqueza pero no lo es como reivindicación de grupos o clases, ni siquiera como formas de vida de grupos sociales diversos debido a la homogeneización del mercado.

Las jerarquías creadas a partir de las especializaciones han dado lugar a una nueva aristocracia del conocimiento, del poder y la riqueza, a los que la mayor parte de los ciudadanos no puede acceder.

El capitalismo de Estado y el fin de la economía planificada

A finales del siglo XX se produjo una transición política y económica en los países denominados comunistas que desembocó en una serie de cambios y repercusiones en el ámbito mundial no del todo favorables. La URSS ha pasado de ser una potencia industrial ha convertirse en un múltiple conglomerado de naciones tercermundistas o en vías de desarrollo. Actualmente, Rusia es un país exportador de recursos naturales (como el gas y el petróleo) igual que los países latinoamericanos y africanos. La transición al capitalismo de los países europeos del este de un modo tan acelerado bajo la supervisión del FMI y los Estados Unidos fue un estrepitoso fracaso de las políticas neoliberales aplicadas a transformar la economía planificada en economía de mercado. El interés y la hegemonía de la élite occidental conservan al tercer mundo en su estado por medio de políticas de globalización, lo que podríamos denominar el nuevo imperialismo, y consiguieron que los antiguos países del bloque comunista entraran en este programa.

La existencia de una economía de mercado no garantiza la democracia ni las libertades políticas e individuales, el ejemplo más claro es China. El increíble crecimiento económico chino no se debe a que China se haya entregado incondicionalmente a la economía de mercado sino a que gradualmente y bajo una total supervisión estatal ha ido introduciendo el mercado en el país controlando la estabilidad social por encima de privatizaciones y liberalizaciones. El aumento espectacular de la riqueza en China y el masivo descenso de la pobreza han tenido lugar porque la transición gradual de una economía planificada con un régimen burocrático seudofeudal hacia una economía mixta con más libertades individuales y mayor participación en la riqueza implica socializar en parte los medios de producción tanto como la producción. Los chinos son ahora más ricos porque su economía se ha socializado gracias a la introducción del capitalismo en el país de forma gradual, pero el desarrollo y el crecimiento económico tanto en China como en occidente son limitados por causa de que no existe una democratización real de la economía y la política, en China esto es aún mas radical por su régimen totalitario. La pobreza en China no ha desaparecido, de la miseria rural se ha evolucionado hacia las bolsas de pobreza industriales. La sociedad capitalista es más libre, rica y democrática que sus antecesoras pero su eficacia en materias de igualdad, justicia, democracia real y desarrollo es discutible. Trascender la economía de mercado no es destruir el sistema sino superarlo por medio de políticas alternativas al neoliberalismo y la socialdemocracia.

Desde la publicación de "La riqueza de las naciones" de Adam Smith, la economía se convierte progresivamente en una ciencia independiente de la política. La necesidad de crear una ciencia económica neutral e independiente se debe a la naturalización del sistema capitalista y a la división social de la renta que necesitan presentar al capitalismo como algo objetivo y neutral, como la realidad metafísica consumada. Desde una realidad un poco más concreta observamos que la economía y la política no son esferas separadas y mucho menos neutrales. Rusia y los demás países en transición al capitalismo de empresa son el mejor ejemplo de ello.

II

LA SOCIALIZACIÓN DE LA RIQUEZA

*"Las dictaduras efectivas requieren grandes líderes.
Las democracias efectivas requieren grandes ciudadanos."*

Benjamin Barber

El crecimiento económico

La economía como factor aislado y formalizado respecto al ámbito social, y la política como herramienta subordinada al mercado han convertido a las crisis en fenómenos naturales impredecibles y a las fluctuaciones económicas internacionales en un caos determinista que obliga a intervenir a las distintas administraciones en el mercado y a participar directamente en el proceso económico. Este momento histórico en el sistema de intervención estatal se denomina capitalismo tardío o de organización y uno de sus precursores fue Keynes. Aunque actualmente vivimos en un retorno al mito del laissez faire y no existan entidades jurídicas y democráticas que controlen la economía en un mundo global, sí hay organizaciones como el FMI que intervienen en el mercado internacional al servicio de una administración. El devenir económico es impredecible pero existen organismos internacionales políticos y económico-políticos que trabajan para racionalizar y controlar los peligros de una economía irreducible y caótica, eso sí, siempre al servicio de las naciones más ricas del planeta. La dualidad ideológica consiste en que los estados intervienen cuando el crecimiento económico es perjudicado, pero no cuando el libertinaje del mercado afecta a los sectores más desfavorecidos. Por ejemplo, la liberalización del suelo y el auge de las hipotecas a largo plazo han supuesto un empuje enorme en el enriquecimiento de los bancos y los especuladores, así como en la riqueza desde un punto de vista macroeconómico, pero el endeudamiento de las familias y el empobrecimiento de grandes sectores de la población no han supuesto medidas por parte de las administración y sí mucha propaganda y pequeños reajustes con un trasfondo mediático y electoral; pero la crisis hipotecaria en los Estados Unidos sí ha necesitado de una intervención estatal porque la macroeconomía y el crecimiento económico estaba en juego. Es decir, el laissez faire funciona para los intereses de una élite y las administraciones se encuentran a su servicio, pero no hay un libre mercado real ni para los países pobres ni para los ciudadanos del planeta. La ideología del libre mercado sirve para oprimir y expropiar la riqueza, pero el laissez faire y la mano invisible son mitos que se extinguieron en la crisis mundial de 1929, al menos en su concepción teórica pura.

Las reglas de juego del sistema capitalista han cambiado desde sus orígenes para que pudiera sobrevivir ante las crisis económicas y las demandas sociales, y la organización de la producción también ha cambiado para que la acumulación de capital sea posible en condiciones de desorden. Según Joan Robinson el conjunto de competición, innovación y desequilibrio es el motor de crecimiento económico del sistema. Para Schumpeter el empresario es un revolucionario, es el líder del desarrollo económico, la imaginación y la innovación en el sistema. El proceso social es competitivo y caótico para estos economistas, es decir, las relaciones sociales son de intercambio, rivalidad y rapiña. Los economistas actuales estudian la economía como si se tratara de un proceso físico en lugar de humano, es decir, como si fuera la Naturaleza. Hayek habla del orden espontáneo del mercado, afirma que la ciencia económica (eleva la economía ha ciencia desvinculándola de la política) consiste en el estudio del proceso social según el cual un sistema económico produce mas que objetos un conocimiento inmaterial. De este modo, volvemos al idealismo propio de los pensadores del siglo XIX: el conocimiento inmaterial de Hayek no es más que la acumulación de capital en el mundo de la información y la formalización de la riqueza en manos de una minoría. Hayek individualiza su teoría: "la esencia del proceso social es la información o el conocimiento personal, práctico y disperso que cada ser humano, en sus circunstancias particulares de tiempo y lugar, descubre en todas y cada una de las acciones humanas que emprende para alcanzar sus fines y objetivos particulares", reduce el proceso social a la iniciativa económica individual, es decir, al individualismo posesivo y a la explotación de unos seres humanos por otros. Además de esta explicación tan académica, Hayek continúa: "de esta forma se logra un proceso de interacción empresarial y que parte del desequilibrio, que más que una imperfección o fallo del mercado es la más natural característica del mundo real y que, en todo caso, el proceso real del mercado es mejor que cualquier alternativa posible", así que la metafísica del mercado es omnipotente, y nada podemos hacer excepto someternos a su voluntad y explotarnos los unos a los otros, eso sí, la administración participará en dar ventaja respecto a la distribución de la información y en tanto en cuanto a la intervención en la competencia por los mercados a favor de los intereses de una minoría antidemocrática. Al margen de los teóricos del neoliberalismo y de su metafísica mercantilista, el crecimiento económico no supone un enriquecimiento de la población en general. El aumento del hambre y la pobreza, de la destrucción medioambiental, de la dependencia y endeudamiento de las personas con las empresas y las entidades bancarias, demuestran que el crecimiento económico es formal y se desarrolla desde una perspectiva macroeconómica exclusiva, excluyente y clasista. El error de los neoliberales consiste en su incapacidad de ver que el motor de la creación de la riqueza no corresponde a los líderes o a las minorías superiores, su perspectiva permite relacionar al capitalismo con el fascismo claramente, el movimiento fascista no es más que una consecuencia más del desarrollo del capitalismo. Los neoliberales interpretan que el desarrollo se logra a partir del crecimiento económico que crea el mercado libre, y el mercado libre se fundamenta en la supervivencia del más apto. La intervención estatal que limita los mercados y redistribuye la riqueza sólo sirve para entorpecer el crecimiento económico argumentan los neoliberales, para estos cualquier socialización de la economía, cualquier iniciativa igualitaria para terminar con la pobreza supone un perjuicio al crecimiento económico, y llevan razón si suponemos que este crecimiento pertenece a una élite privilegiada y es desarrollado desde esa jerarquía para ella misma.

Al margen de las teorías neoliberales y a la vez, en concordancia con sus hipótesis, el teórico académico de la tercera vía (que no es más que una social democracia depurada), Giddens, reduce la crítica socialista a que "el capitalismo no permite acceder a una nueva y superior fase del desarrollo porque establece un tipo de relaciones sociales de producción que pone límites al desarrollo de las fuerzas productivas...", además de declarar con rotundidad que el socialismo ha muerto. Este enfoque coincide plenamente con la perspectiva socialdemócrata caritativa respecto a la sociedad, de hecho, también a la socialdemocracia se le ha denominado socialismo burgués, y ratifica que el crecimiento económico capitalista choca frontalmente con el desarrollo social. Para Giddens el desarrollo no es, muy acertadamente, el crecimiento de la riqueza sino el desarrollo social, es decir, cómo utilizamos la riqueza y no necesariamente su creación, pero equivoca los términos al no darse cuenta de que tal distinción no es necesaria. Si Giddens aboga por una transformación de la economía hacia una nueva finalidad de desarrollo y no tanto de crecimiento, es decir, que las relaciones sociales estén orientadas hacia el desarrollo, el crecimiento de la riqueza estaría orientado hacia la distribución de la riqueza. Pero todas estas teorías, las neoliberales y las de la tercera vía, no observan que el desarrollo ha sido y es la base del crecimiento económico y no al revés. Su idealismo trascendental impide hacerles ver que la metafísica economicista es un atraso y un freno a las potencialidades humanas y a la creación de la riqueza.

Confunden el éxito económico con las potencialidades humanas, cuando el éxito es un ideal o valor moral abstracto y la potencialidad humana es algo concreto.

El crecimiento económico a partir de la socialización de la riqueza

El factor más importante en el crecimiento económico es la fuente de su producción y no su forma de organizarse mediante el mercado o la empresa. Dependiendo de la participación en la riqueza de los ciudadanos el nivel de crecimiento y desarrollo aumenta o se estanca. El problema es el consumo, que permite a los ciudadanos participar en la riqueza al mismo tiempo que son expropiados, por el mismo consumo, de ella. El capitalismo ha llegado a ser un sistema improductivo, sus redes ideológicas cada vez son menos legítimas y suponen un freno al crecimiento económico así como a la liberación de las potencialidades humanas. El sistema capitalista no es un mero sistema económico, es un sistema político y una organización de la sociedad en su conjunto. Habiendo socializado progresivamente y en parte la riqueza, la política capitalista ha creado un crecimiento y un desarrollo sin precedentes históricos. La dimensión política del nuevo capitalismo, la socialdemocracia, ha expandido la libertad, los derechos humanos y la riqueza en unos niveles históricos sin competencia, de ahí su perdurabilidad, pero no ha logrado una libertad concreta, una democracia real, unos derechos humanos en la práctica sino sólo en la teoría, ni una riqueza democratizada y plural para todos los individuos. Si no hubiera habido una apertura política y social el capitalismo se habría colapsado, es decir, si el capitalismo hubiera seguido los preceptos del liberalismo clásico o los del neoliberalismo, habría sido aniquilado por el movimiento real de la historia. La administración estatal es una suma de colectividades, es la administración de la sociedad y aunque se encuentre en manos de los intereses del mercado siempre debe responder en última instancia al conjunto de la sociedad que administra, de ahí que el Estado haya servido al capitalismo pero también haya modificado y en algunos casos suprimido parte de sus injusticias y perversiones. La progresiva socialización de la riqueza ha supuesto, junto a la creación de seudodemocracias con más libertades políticas y sociales, un desarrollo creciente. No es el crecimiento económico lo que crea el desarrollo sino el desarrollo social y material lo que genera el crecimiento. Las potencialidades humanas y la legitimidad del poder político van estrechamente ligadas a las condiciones materiales de existencia y no a la acumulación de capital o a la expansión de los mercados como ideológicamente exponen los economistas.

Los límites del crecimiento económico

Arthur Lewis (premio Nóbel de economía 1979) afirmaba que la desigualdad en la distribución de la riqueza es buena para el crecimiento económico porque los ricos ahorran e invierten más que los pobres, y la acumulación de capital es la base del crecimiento y la creación de la riqueza. Seguro que Arthur Lewis se refería al crecimiento económico abstracto, al que figura en las estadísticas, y a la riqueza de los ricos en lugar de la del conjunto de la sociedad. La ideología capitalista mantiene la creencia en la acumulación de capital como fuente de desarrollo, lo que se ha denominado "economía de la filtración". Pero la desigualdad económica y la acumulación de capital en poder de una minoría que solamente invierte y desarrolla crecimiento en su reducido entorno demuestran la futilidad de esta creencia y, ¿cómo puede ser que el capital no se acumule e invierta en su fuente de producción (los trabajadores) y aun así exista desarrollo y crecimiento económico? La respuesta es sencilla: la riqueza se ha socializado en un porcentaje mínimo pero suficiente para el desarrollo social, evitar revoluciones sociales de grandes dimensiones y para la supervivencia del capitalismo. La economía de la filtración es un mito cuyo esclarecimiento es el de que los desechos económicos y las sobras de la riqueza de los privilegiados llegan a los pobres a través de los "vertederos" y de este modo, el crecimiento económico de una minoría sirve para que la mayoría productiva pueda subsistir. El mito de la economía de la filtración tiene sus raíces en el pensamiento jerárquico aristocratista burgués tremendamente antidemocrático. Una socialización de la riqueza de máximos y no de mínimos supone un desarrollo y un crecimiento en la macroeconomía y en la microeconomía, y no una acumulación de capital para privilegiados líderes de la jerarquía capitalista. Una mayor igualdad económica y política supone un desarrollo superior. Por el contrario, en los países donde la acumulación de capital se encuentra en manos de una minoría las bolsas de pobreza son inmensas. En España, por ejemplo, el 48% de la riqueza se encuentra en poder de cien familias y existen más de ocho millones de pobres. Esto demuestra hasta que punto existe una democracia real en este país y en el resto del mundo desarrollado. Los límites a un desarrollo y un crecimiento real de la riqueza en la sociedad vienen impuestos por la ausencia de un reparto equitativo. De la misma forma que en el feudalismo la rígida separación entre las clases sociales impedía el progreso social, en el capitalismo la acumulación de capital y la formalización de la riqueza impiden el bienestar y la expansión de la sociedad en su conjunto. La transición del feudalismo al capitalismo se produjo cuando las relaciones de producción existentes entre las distintas clases sociales no permitían a las fuerzas productivas seguir desarrollándose (Marx), así pues, la transición hacia una sociedad más igualitaria se ha venido produciendo y se radicalizará en el futuro porque las relaciones de producción y las relaciones sociales tiene que transformarse inevitablemente para que el crecimiento económico y el desarrollo que se originan en las fuerzas productivas sigan avanzando. El error de los economistas y de las políticas económicas consiste en que olvidan los fundamentos materiales de la creación de la riqueza y las fuerzas productivas reales y concretas, ajustándose a estudios de mercado. Desde su error, el crecimiento económico es ambiguo, excluyente y efímero.

El fracaso de la socialdemocracia

Los partidos políticos socialdemócratas de occidente practican políticas neoliberales igual que sus homólogos partidos conservadores pero con la diferencia de que tienen en cuenta los efectos devastadores del mercado y contraponen políticas sociales para contrarrestarlos. Las grandes masas de la población que resultan perjudicadas ante la formalización de la riqueza y la acumulación del capital en manos privadas tienen "antídotos" procurados por las políticas socialdemócratas. Estas prácticas de protección social intentan paliar los efectos de las liberalizaciones y las privatizaciones de los servicios y empresas públicas que tienen lugar en el fundamentalismo del mercado. Para los socialdemócratas la economía de mercado es la propia de un mundo desarrollado y en continuo crecimiento, los problemas de la sociedad son sólo daños colaterales que se pueden evitar con una mayor protección y amparo social junto con la expansión económica de los mercados. Sus políticas neoliberales de caridad no tienen en cuenta de dónde procede la riqueza y que el mercado no es un espacio libre de producción y participación en la misma. Las privatizaciones y las liberalizaciones sólo producen riqueza para los intereses privados minoritarios, esto es una verdad demasiado obvia.

El *fundamentalismo económico*

Mientras que la producción no se fundamente en la democracia en lugar de en el mercado, mientras permanezca el esquema de liderazgo que simplifica la democracia como un modelo social dirigido por las elites democráticas, la razón no dejará de ser un instrumento y el paradigma de racionalidad seguirá siendo el sistema social opresor que convierte a los seres humanos en objetos y al pensamiento político en mero cálculo económico y estratégico. La democratización conduce, inevitablemente, por la politización real de la economía, es decir, por abolir la ideología de la objetividad económica y sustituirla por la socialización de la riqueza bajo una democracia radical, concreta, real y material, en lugar de la democracia formal y plebiscitaria que, en forma de elites y líderes, enmascara los intereses de grupos de dominio minoritarios.

La izquierda no puede estancarse en la socialdemocracia ni en una mera defensa contra las injusticias del libre mercado, su meta es la emancipación del ser humano de la intrascendente supervivencia absoluta en la economía de mercado, su horizonte es el reino de la libertad y no el Estado social. El pensamiento predominante, tanto el científico como el filosófico, el político y el individual, se define por ser tremendamente ambiguo. Esto sucede porque el mercado no produce racionalidad alguna. El beneficio, la posesión, el cálculo, la estadística, y

convertir a la naturaleza y los seres humanos en instrumentos, son la irracionalidad elevada a lógica. El "Estado del bienestar" es un sucedáneo de la "american way of life", un artilugio ideológico para continuar expropiando la vida de los ciudadanos.

Ley de Wagner (Adolf Wagner): "Según se van desarrollando las sociedades, crecen sus necesidades públicas, por eso es mayor la prestación de servicios públicos a medida que van progresando".

Wagner confunde la burocratización, que es una consecuencia lógica de la expansión del mercado a todas las esferas de la vida, con las prestaciones sociales, que son una necesidad ante la injusta distribución de la riqueza y la conversión del producto de la fuerza de trabajo en objeto de consumo (es decir, en la enajenación de los trabajadores de su producción).

Esta ley de Wagner queda debilitada ante las circunstancias del presente: las privatizaciones del sector público en la mayor parte de los países desarrollados son la negación de esta ley, y muestra su contenido ingenuo porque el crecimiento económico conceptual va acompañado de una gran cantidad de represión y miseria en el mundo capitalista. La competencia deja vencedores y vencidos, resultando ser un despilfarro de energías y potencialidades humanas. Desde esta perspectiva teórica y práctica de la negación de la ley de Wagner se podría descubrir la "ley de la paradoja del mercado": "un mayor crecimiento económico no implica desarrollo social necesariamente debido a la fundamentación metafísica de la economía". En la contradicción entre desarrollo económico y desarrollo social sale a la luz que la sociedad no es propietaria de su riqueza, al menos de gran parte de ella. La lucha interna que siempre se ha dado en los países con economía capitalista entre el sector público y el sector privado es la consecuencia de una errónea comprensión del crecimiento económico y de la ideología de la productividad unida a la represión y el incentivo del consumo, que ha llevado a las potencias económicas de occidente a sucesivas crisis y a contradicciones inherentes a su sistema.

La burocratización del capital que hicieron los países con economía planificada sigue siendo un revulsivo ante el que se demuestra de forma parcial e interesada que el gasto público y los bienes públicos son innecesarios y perjudiciales, que el Estado y los servicios públicos son un retraso y un freno al desarrollo y la creación de riqueza. Así es sobre todo para los intereses privados minoritarios. Es una tarea extremadamente difícil suprimir el individualismo heroico económico de las raíces ideológicas en la sociedad neoliberal para demostrar que la significativa fuente de riqueza no es la concentración y acumulación de capital en personas físicas o en entidades jurídicas sino en su expansión e inversión en colectividades.

La ideología de la productividad

Se puede comparar la economía de las sociedades feudales y las sociedades burguesas para prestar atención sobre sus diferencias; así como el nivel de pobreza en las primeras es excesivo, en las segundas y a pesar de las desigualdades que aún permanecen, el nivel de pobreza no es tan extremo. Este último hecho ha otorgado legitimidad al modelo político y económico del pensamiento burgués. También pueden compararse las economías de los países con dictaduras con aquellos con gobiernos seudodemocráticos y obtendremos un punto de vista, ya muy extendido e incluido en los programas electorales, que identifica libertad político-económica y desarrollo. La obviedad sobre que el aumento de la producción no implica la mejora material de la sociedad, sino que es la mejora material de la sociedad y la redistribución de la renta lo que aumenta la productividad y la riqueza de la sociedad en su conjunto, todavía no ha llegado a ser una verdad lo suficientemente convincente. La democratización de la economía no se ha ido produciendo mediante una revolución radical fruto de la conciencia de clase y una gran crisis como pensaba Marx en el siglo XIX, sino que ha sido en gran medida resultado de las luchas y movimientos sociales, además de los traumas y miserias ocasionados por las guerras, los conflictos y las sucesivas crisis económicas. El proceso ha sido duro y largo, y aún continúa.

Una de las causas que ha frenado la progresiva democratización de la economía no ha sido tanto que la riqueza se encuentre en poder de individuos aislados sino que la creación de entidades abstractas y jurídicas ha desplazado la posesión de la riqueza, al menos ideológicamente.

La reintegración del sistema económico, producida a mediados del siglo XX, se basó en una redistribución de la producción y en una creciente intervención estatal en el mercado. La visión keynesiana hizo posible un aumento del bienestar social, y a pesar de que siguió habiendo sucesivas crisis, la estabilidad política y social desembocó en una mayor seguridad económica que a la vez provocó un aumento de la producción y el consumo. Esta situación de estabilidad y prosperidad tuvo sus causas en la aceptación de las teorías socialdemócratas acerca de la intervención pública en la economía, muy a pesar de Keynes que tuvo que asumir estos preceptos socialistas, y aceptada de forma no implícita, y en la mayor participación y distribución de la riqueza entre los ciudadanos, nuevos consumidores-productores y principal nuevo mercado a explotar. La conclusión es que la participación democrática y la distribución democrática de la riqueza que se produce en una sociedad aseguran y aumentan el bienestar además de ser la base de su creación.

Se habla de la falta de libertad y la dependencia al sistema en los extintos regímenes comunistas, pero en las sociedades desarrolladas y para la mayor parte de la población, las circunstancias no son muy diferentes. ¿Cómo se mantiene una productividad continua?, por medio del consumo, la represión física y simbólica del trabajo, del sistema educativo alienante que provee de futuros productores al sistema, de la nueva mano de obra ilusionada y fácilmente explotable (la inmigración) y de la dependencia económica de los ciudadanos. Pero, este mantenimiento de la producción no es solamente artificial o ideológico sino que ni siquiera es su verdadero origen. Cuando se fustiga al caballo para que corra no es el látigo el que corre sino el caballo, lo que significa que no son estos factores ideológicos de incentivación productiva lo que genera o aumenta la productividad y la riqueza sino la población dirigida de forma técnica y manipuladora.

El desequilibrio social que existe entre el sector público y el sector privado se pretende evitar actualmente reconvirtiendo las prestaciones y servicios públicos en iniciativas e inversiones privadas. El coste en recursos, fuerza de trabajo y en disgregación social que ello supone no es un obstáculo para la ideología neoliberal, pero tampoco para la socialdemócrata, puesto que se piensa que la expansión del sector privado a todos los sectores sociales genera riqueza y productividad. Los problemas que genera el mercado, entre los que figura la desigualdad, son resueltos y falseados de forma idealista por medio de continuar expandiendo el mercado, algo parecido a prevenir la sequía derrochando agua. El ejemplo estadounidense, con más de cincuenta millones de personas sin seguro médico, con más de cuarenta millones de personas por debajo del umbral de la pobreza, y con una ciudadanía media esclavizada con letras y servicios o bienes de primera necesidad que han de costearse, demuestra que en la sociedad opulenta continúa predominando la ley de la supervivencia.

Una sociedad no represiva, en la que la riqueza revierta en sus productores, sin alienación burocrática o mercantil, podría crear un aumento de la prosperidad y de la productividad en todos los sectores (no sólo el industrial) sin precedentes, puesto que los incentivos ideológicos de producción no serían necesarios, y no hay mayor empuje y desarrollo de las potencialidades humanas que la libertad de acción y el libre ejercicio de la creatividad. Si existe disociación o insociabilidad es porque el sistema represivo suprime dichas potencialidades y la sociedad, al ser reducida a sistema, excluye a lo diferente, a lo que es distinto pero que podría ser lo mejor.

El mito de los bienes de consumo

La productividad apremiante, elevada a omnipotencia en el estereotipado concepto de "progreso", actúa como puente entre dos circunstancias: una es la del hambre y la miseria, y otra es la de la riqueza infinita procurada por la producción de bienes de consumo. Producir artículos es considerado por los economistas como la solución a la miseria y al paro, y contribuye al bienestar social porque el mercado cubre todas las necesidades. Actualmente, también el mercado intenta ocupar el espacio de la Administración pública y hacerse cargo de sus servicios. Si Galbraith propuso un equilibrio entre el sector público y el privado para garantizar la estabilidad social y crear una seguridad económica eficiente, la evolución del sistema en la actualidad es la de la expansión del mercado. El equilibrio de Galbraith no se ha llegado a realizar en la práctica de las sociedades aunque con excepciones. La productividad sigue siendo relacionada con los bienes de consumo. Toda la experiencia, habilidad, fuerza, destreza e inteligencia de las personas son desarrolladas particularmente y de forma restringida por el sistema educativo para más adelante cumplir las funciones productivas que exige el trabajo, pero es el trabajo reducido a actividad económica para la producción o administración de bienes privados. Hoy en día, se pueden considerar bienes privados hasta a las autopistas, puesto que las que no son de peaje o no tienen aportación privada sirven para que los automóviles (que son bienes privados) circulen por ellas. La Administración pública depende y subsiste por medio del mercado igual que las entidades privadas, pero en última instancia la base o soporte de esta estructura es la vida y la fuerza de trabajo de los individuos que componen la sociedad. El error de Galbraith consiste en su distinción entre bienes privados y públicos porque en la actualidad se han convertido en casi lo mismo, y en que no observa (ya que en su época no era tan obvio) que la Administración pública y el mercado interaccionan de tal modo que una socialización de la riqueza provocaría la disolución de ambas esferas, o al menos de su organización y cualidades internas.

La esclavitud de la productividad y el ansia de producir y consumir bienes de consumo se mantiene en la denominada "ideología de la escasez": ante la inseguridad económica, la lucha por la supervivencia y la inestabilidad del mercado, el trabajo y el consumo se presuponen como imprescindibles en las dos vertientes, es decir, en la erradicación de la pobreza y en el incremento de la riqueza. Una cosa es ser pobre y otra creerse pobre, pero más peligroso aún es el miedo a ser pobre.

El esfuerzo derivado de la producción de bienes de consumo, la mayor parte innecesarios pero creados por las técnicas de marketing, sirve para transformar las potencialidades humanas y sociales en una riqueza que preserva a la Administración pública con sus caciques y a las entidades privadas con sus jerarcas, y en un porcentaje no menos elevado preserva la unidad social como atomización.

El producto de consumo, que podría ser adecuado y necesario para el bienestar (y en muchas ocasiones así es), se convierte en el principal fetiche expropiador de la riqueza individual y colectiva. El producto del trabajo es expropiado de dos maneras: una es por el aprovechamiento (o la plusvalía) de la empresa o entidad sobre el trabajador, y otra es por el consumo de artículos que llevan impuestos y cuyo valor real es insignificante en relación con el valor que tienen en el mercado. La expropiación se produce de estas dos maneras y la acumulación de capital que obtiene tanto el sector privado como el público repercute en la sociedad de forma limitada, parcial e ideológica. El producto y la riqueza que genera una sociedad continúan sin ser propiedad de ella misma, aunque la seudodemocratización de las sociedades y la participación indirecta de los individuos en la economía han creado un crecimiento económico y social sin precedentes. Sin embargo, este crecimiento no ha eliminado la miseria y la esclavitud en medio de la abundancia.

El origen del desarrollo económico

La creencia generalizada en el mundo académico, en el político y en amplios sectores de la sociedad de que es la producción técnica y eficazmente desarrollada lo que ha proporcionado la riqueza y el bienestar social en lugar de una incompleta socialización de la renta, es la ideología que mantiene la cohesión social en torno al sistema económico. Pero, en la práctica material de las sociedades, desde el siglo XIX, la redistribución de la renta hacia sectores más amplios de la población ha tenido lugar gracias a las luchas y movimientos sociales y a la necesaria creación de un mercado expandido que necesitaba consumidores a la vez que productores. La producción, por sí misma, no ha eliminado las grandes desigualdades. Ha sido, de un modo revolucionario, la democratización económica lo que ha provocado el aumento de la producción y el bienestar social en mayor medida. Este hecho ha provocado también una aceptación del sistema por parte de los sectores más desarraigados, y una cohesión social que ha alejado el fantasma de las revoluciones sociales de consecuencias políticas transcendentes. Si, únicamente se hubiera dejado a la producción como creadora del bienestar social y al mercado como regulador de la distribución de la renta, la situación no sería muy diferente de la de hace dos siglos y las depresiones habrían hundido al sistema económico (algo que casi ocurrió en 1929), y se mantendrían jerarquías que antaño inspiraron revoluciones como la francesa o la rusa. De este modo, también el énfasis que se instauró en la productividad en la Unión Soviética, y en sus países homólogos, acompañado de una petrificación en la participación de la renta, fueron las grandes causas del declive y posterior hundimiento del bloque comunista en el siglo XX.

La intervención estatal en la economía, tal como la interpretó Keynes, planteaba que el gobierno puede crear una demanda agregada para los productos que no encuentren mercado y de este modo estabilizar el sistema económico para paliar sus crisis. El gobierno puede también equilibrar la oferta del producto por medio de los impuestos. El Estado se convierte, a partir de Keynes y su socialdemocracia de mercado, en el regulador de la producción. El equilibrio social que aportaron estas medidas de ajuste (las cuales todavía prevalecen a pesar del neoliberalismo), permitió el crecimiento económico en los países occidentales desde la segunda mitad del siglo XX, y no la producción o el mercado como ideológicamente opinaba el liberalismo clásico. La estabilidad social fue el factor decisivo tras dos guerras mundiales provocadas por la expansión de los mercados y su mitificación patriótica: el imperialismo. La productividad represiva siempre se ha dado, tanto en la sociedad feudal como en las dictaduras y las sociedades industriales, pero sin los valores democráticos e igualitarios aplicados en la economía, la producción se estanca. Numerosos ejemplos lo demuestran. Entonces, la base sobre la que se sustenta una sociedad no puede ser un mercado antidemocrático y poco igualitario, ni su meta la producción. No fueron, como pensaba Keynes, las medidas de ajuste para evitar las crisis y así perpetuar el aumento de la producción lo que produjo riqueza y bienestar social, sino que esas medidas permitieron una democratización de la economía debido a la intervención pública, una redistribución de la renta y una igualdad más amplia al restringir la omnipotencia y la lucha por la supervivencia del mercado. No es la Paz y el desarrollo lo que incentiva el mercado, sino el control y la regulación del mercado lo que permite la Paz y el desarrollo. Los economistas viven, al modo idealista y platónico, en su mundo invertido, en el supramundo ideológico del sistema económico.

Sin la intervención de las administraciones públicas en la economía y en la sociedad, el mercado sería un totalitarismo absoluto, algo que puede ocurrir si se continúa la tendencia actual. La producción sectaria se ha impuesto de forma represiva para poder mantenerse y establecerse como objetivo social, su fundamentalismo es directamente proporcional a la sociedad autoritaria que la desarrolla. En nuestra época la represión no ha sido suprimida sino sublimada de tal modo que es aceptada por los individuos en su alienada circunstancia, y la violencia que se crea desde la ideología de la productividad a cualquier precio es simbólica y asimilada hasta el extremo de que la crítica genera rechazo y extrañeza, pasando a ser considerada poco cívica.

La dependencia económica internacional

Una de las demostraciones empíricas de que el mercado no es la estructura básica de desarrollo consiste en las actuales políticas de comercio internacional. El comercio es rentable y aumenta el crecimiento económico de los países desarrollados gracias a la injusta organización del mercado global: para algunos países resultaría más beneficioso un comercio restrictivo que mejorara las condiciones y la renta per cápita nacional en lugar de abrirse al comercio global, pero la presión de los países desarrollados parece impedir estas políticas proteccionistas, además, los mercados se regulan para que los productos que proceden de países en vías de desarrollo no puedan competir. El mercado, a su vez, es muy inestable debido a la ausencia de una organización política racional y democrática que lo controle, las continuas fluctuaciones en los precios del petróleo y otras circunstancias son factores de las sucesivas crisis económicas en el ámbito mundial.

Es muy discutible que la globalización económica favorezca a países con un nivel bajo o medio de desarrollo, la expansión de los mercados es una necesidad de supervivencia y crecimiento para los países capitalistas desde los inicios de la revolución industrial y supone desigualdades internacionales así como una nueva forma de colonización: el imperialismo económico. Si la productividad continúa orientada hacia el mercado en lugar de hacia el desarrollo, los países capitalistas desde los inicios de la revolución industrial y supone desigualdades internacionales así como una nueva forma de colonización: el imperialismo económico. Si la productividad continúa orientada hacia el mercado en lugar de hacia el desarrollo, los países menos competitivos quedarán al margen de la riqueza global, del mismo modo que en las sociedades de los países desarrollados las diferencias individuales generan desigualdad y capas de pobreza. Al no regularse la productividad en torno a una socialización interna de su desarrollo y crecimiento, se deja en poder de la irracionalidad del mercado el posible crecimiento económico abocado a crisis y desaceleraciones además de a una injusta distribución de la renta. La riqueza de la productividad se pierde en manos de las contingencias mercantiles, y las potencialidades junto con el desarrollo son desperdiciadas en la macroeconomía global de las multinacionales.

La relación entre la desigualdad y el crecimiento económico

Los economistas no encuentran una explicación definitiva sobre las causas que ocasionan que la desigualdad frene el crecimiento económico, incluso algunos afirman que la desigualdad lo favorece. El método estadístico empleado por la ciencia económica distorsiona la realidad social y la simplifica en un modelo abstracto de factores y variables. La cientificación de la sociedad ha desplazado la teoría, y el método ha suplantado tanto a la crítica como a la interpretación. La ausencia de perspectiva histórica de un modelo que sólo se atiene a datos empíricos restrictivos impide a los economistas descubrir una relación recíproca entre las potencialidades humanas no mercantiles ni financieras, ni estrictamente productivas, y el desarrollo social en el que se puede incluir el crecimiento económico. Al convertir la economía en un fin en sí mismo, la política, la moral, y el conocimiento se subordinan a lo que debería de ser un instrumento en lugar de una ideología. De esta forma, observar el paisaje sólo desde el interior de la estructura impide ver la estructura desde otras perspectivas, una de ellas sería la histórica, a pesar de los muchos datos estadísticos acumulados.

III

EL RACIONALISMO ECONÓMICO

"La teoría revolucionaria es ahora enemiga de toda ideología revolucionaria, y sabe que lo es."

Guy Debord

El mercado como irracionalidad

Si la productividad técnicamente organizada, las jerarquías y la administración de la sociedad de forma militarista fueran las causas del desarrollo económico, dictaduras como la soviética o los regímenes sudamericanos hubieran prevalecido sobre las seudodemocracias occidentales. La técnica, la ciencia y la industria, así como el mercado en el que desembocan, no constituirían un factor de desarrollo sin una organización social y política adecuada, y la integración de las clases medias productivas asimiladas. La legitimidad es clave en el mantenimiento de un régimen político-económico, porque los seres humanos no son entidades estrictamente productivas.

La asimilación ética y racional que desarrolla la sociedad de consumo y la hace legítima se sostiene de dos formas: una es con el mito sobre la libre elección de los consumidores, es decir, el consumo y sus necesidades satisfechas, y otra es con la participación política en la administración de la sociedad por medio de representantes, es decir, la democracia representativa. Con respecto al consumo, el consumidor es manipulado por técnicas de marketing además de que la producción de bienes es dirigida por intereses de ventas y productividad y no por las necesidades reales del ciudadano, si verdaderamente el consumidor necesitase esos bienes no sería necesaria la inversión millonaria y el derroche en recursos que genera la publicidad. Por otra parte, la participación política en la sociedad por medio del sufragio y la elección de representantes, los cuales son cada vez más homogéneos, supone una despolitización de la sociedad porque queda administrada por profesionales de la política que sirven tanto a la opinión pública y al interés público como a las estructuras económicas prevalecientes. El mercado queda racionalizado y asumido entre los dos factores de asimilación ocupando el lugar del espacio público e impidiendo una racionalidad democrática basada en la reflexión, la autocrítica y el diálogo.

Especulación e inversión: el modus operandi de la economía de mercado

Los episodios de especulación son recurrentes a lo largo de la historia de la economía de mercado, pero no es algo extraordinario o derivado de una serie de malas gestiones o errores. La especulación es inherente al sistema, de hecho es su modus operandi. El ejemplo especulativo más claro, y su posterior recesión, es el crack de 1929, pero ese fue tan sólo uno de los episodios más dramáticos ya que han existido tantas crisis económicas en la historia del capitalismo que los economistas se han visto obligados a describirlas como etapas necesarias tras periodos de crecimiento (Schumpeter es el principal precursor de esta teoría) y elevar la ciencia económica a ciencia exacta, incluso por encima de las ciencias naturales o experimentales. Utilizando una analogía entre la Naturaleza tal como la describe la Física y el desarrollo social, la economía se presenta como una totalidad neutra y objetiva con fluctuaciones y momentos de crecimiento y esplendor, casi con un determinismo incontrolable, pero su ciencia, es decir, la ciencia económica, puede observar y predecir igual que la Física o la meteorología el proceso económico como si se tratase de un fenómeno más. Sintetizando y reduciendo la economía a ciencia exacta o empírica según sea la doctrina, los economistas han conseguido excluirla de forma interesada y particularista de la política y la sociedad real y concreta, han hecho de ella un fetiche abstracto e ideológico, algo que es muy común en el restringido mundo del conocimiento elitista y transmundano. La falsa cortina de humo es la imagen de que la especulación se representa como inversión y crecimiento económico, en realidad siempre va unida a su posterior crisis. Si la especulación es inherente al sistema, lo es porque el capitalismo es especulativo, la acumulación de capital es la mayor fórmula especulativa aunque la más obvia es la productividad especuladora en forma de artículos de consumo, no sólo televisores o automóviles sino también el agua, los alimentos, la vivienda, etc, porque los bienes de primera necesidad son considerados artículos de consumo en la sociedad de mercado obligando a la población a sortear constantemente el estado de supervivencia sea cual sea su nivel adquisitivo. Los productores son consumidores, la maquinaria especulativa perpetúa el ciclo, pero el equilibrio del sistema no es perfecto (de ahí la inexactitud de la ciencia económica). La necesidad de una demanda continua y sostenida de los consumidores unida a la otra necesidad de constante crecimiento por medio de la especulación inherente al sistema y que deriva de la injusta distribución del capital, crea un frágil equilibrio que en ocasiones se rompe y desemboca en sucesivas crisis. Cuando la demanda no es sostenida estamos ante una recesión (Galbraith), y si la demanda no se sostiene se debe a que un evento especulativo la ha alterado.

La encrucijada económica

El papel del Estado se reduce a ser un intermediario entre el mercado y los ciudadanos, pero en un equilibrio en el que la balanza se inclina ante el omnipotente mercado y el desempeño de regulación del Estado es cada vez menor. La política monetaria es la intervención práctica del Estado en la economía, y representa la dimensión racional de la Administración desde la ideología mercantilista. Esta intervención tiene muchas limitaciones, además de ser superficial y escasa para perturbar lo mínimo imprescindible el incierto devenir del mercado. Consiste, fundamentalmente, en controlar los tipos de interés: unos tipos de interés elevados disminuye los créditos y los gastos de empresas y consumidores permitiendo reducir la inflación, por otra parte, al reducir los tipos de interés el crédito se expande junto con el gasto para potenciar la inversión y prevenir o solucionar posibles recesiones económicas. El mayor peligro de la política monetaria es que se produzca inflación (por ejemplo por los altos precios del petróleo y otras materias primas) lo que hace necesario un alza de los tipos de interés, y al mismo tiempo una crisis o recesión en diversos sectores (como la automoción, la construcción, etc) que harían necesaria una bajada de los tipos de interés en conflicto con los niveles inflacionistas. Para eludir este problema existe la denominada política fiscal, por medio de ella el gobierno aumenta o disminuye la presión fiscal para incentivar el consumo y la inversión en determinados sectores según sea necesario. Pero, en una economía de mercado en la que la Administración pública desempeña un papel regulador poco independiente de las grandes corporaciones y poderes económicos, la política fiscal es muy limitada e ineficiente. La política monetaria, que es dirigida por el banco central europeo y la reserva federal, en Europa y Estados Unidos respectivamente, en última instancia, es la herramienta de las administraciones para mantener el difícil equilibrio económico del mercado y aparentar una neutralidad objetiva.

La dialéctica de la globalización

La globalización económica, que constituye la expansión mundial de los mercados y del pensamiento reducido a funcionalidad, propaga el totalitarismo organizado de modalidad internacional rebasando los límites del Estado. Pero, que exista otra globalización paralela, la de los Estados transnacionales (Ulrich Beck), no implica una dialéctica globalizadora sino simplemente que la economía no es una esfera independiente de la política y la sociedad, necesita de una burocracia y pertenece, a su vez, a un modelo sociocultural. Existe una grave confusión entre el concepto de Estado y de Administración pública, y se debe a que el Estado no sirve siempre y necesariamente al servicio público. La conversión de los Estados nacionales en un Estado transnacional supone la idealización de la Administración pública, convirtiendo el poder del Estado en algo más abstracto, burocrático y antidemocrático. Los precursores de la socialdemocracia global olvidan la democracia de base, que es la única democracia real, y la función social y administrativa del Estado. Sin esta perspectiva de la Administración pública nos alejamos peligrosamente de la idea de Estado social para precipitarnos en un concepto mercantil de Estado. La sociedad se transforma en sociedad mundial obligada por las nuevas realidades económicas que arrastran a distintas modalidades culturales. Los diversos aspectos: ecología, política, cultura e identidades, se transforman, globalizan y ramifican a través del empuje de la economía global. Si, además, convive una globalización subordinada paralela que se intenta presentar ante la opinión pública como la auténtica (política, social, cultural, ecológica) y otra

globalización subversiva (los movimientos antiglobalización) es el resultado y la respuesta a la ideología neoliberal economicista y al mercado universal que ocupa el espacio público
olapsando la democracia. Se demuestra, de este modo, la falacia de la independencia económica respecto de la cultura y la política. La economía también es política, aunque en su estratificación como política económica. Ulrich Beck se ha creído los anuncios televisivos al presuponer la primacía de la globalización de la globalidad frente al globalismo capitalista. La dialéctica de la globalización es un mito y lo seguirá siendo mientras no prevalezca un diálogo social real y una opinión pública concreta no manipulada. La existencia del Estado nacional constituye una idealización del poder y la administración de la sociedad por una jerarquía divinizada, es la constante confusión entre el pueblo y la patria. El error de la socialdemocracia consiste en equiparar democracia con economía de mercado, cuando la democratización ha sido un instrumento necesario para la subsistencia del capitalismo. La democracia es, al mismo tiempo, una dictadura encubierta cuando la Administración pública sirve a otros poderes como el económico. El nexo entre democracia y economía de mercado es ambiguo y similar al que imperaba entre socialismo y gobierno del pueblo en los extinguidos regímenes comunistas.

El secreto del capitalismo

La creación y expansión de la riqueza y la productividad maximizada y socializada en parte, además del asentamiento de nuevos valores e instituciones, fueron las causas que permitieron trascender el feudalismo. La inversión y acumulación de capital, la movilización de grandes masas de trabajadores, la segmentación del trabajo y el desarrollo de la técnica fueron factores materiales que construyeron una nueva sociedad: la sociedad industrial. Pero, es la necesidad de hallar nuevos mercados, y sobre todo, tras la crisis económica de 1929, donde se observa que la distribución de la renta es esencial para la existencia de mercados. Esto significa que el reparto y la participación en la riqueza por parte de un gran sector de la sociedad fueron indispensables para la supervivencia del capitalismo y su progreso económico y social. Si el feudalismo no permitía desarrollar las fuerzas productivas debido al estancamiento político, social y económico que resultaba de su estructura, el desarrollo social y político produjo el tránsito hacia el capitalismo. Se demuestra de este modo que la economía no puede ser una ciencia objetiva, exacta, pura y matemática, ya que no esta desligada ni al margen de la política o la sociedad.

El mito que recorre la historia de la economía es el de la ruptura entre la producción y el individuo concreto, cuando son las circunstancias en las que se encuentra éste último las que determinan la productividad. Estas circunstancias son sociales, puesto que es el individuo el ser social, por eso la ruptura entre los medios de producción, la producción y la sociedad provoca desigualdades, injusticia y limita el crecimiento y el desarrollo económico. La respuesta correcta ante este mito que idealiza la producción y reduce la racionalidad a instrumento técnico y productivo, no es la oficial de que el capitalismo ha beneficiado a todos, sino que debido a las acciones de todos se ha imposibilitado la superación del capitalismo. El consumo alienante y la democracia plebiscitaria, que no es más que una dictadura encubierta, son lo que otorga legitimidad al sistema económico. No es la alternativa al sistema económico y político, lo cual es una falaz utopía, sino su superación, la propuesta a poner en práctica, pero ni dentro ni fuera de él, ni desde una posición metafísica, utópica o teleológica, porque el sistema no es un absoluto.

La transición de la economía política a la ciencia económica

La teoría del valor-trabajo tiene su origen en la escuela económica clásica, fundamentalmente en Adam Smith y David Ricardo, y se basa en que los productos adquieren el valor en proporción a la cantidad de trabajo necesario para producirlos. Marx retoma esta teoría ampliando su perspectiva y analizando sus efectos para dar origen al concepto de plusvalía, en el que se describe con una gran claridad las bases de la explotación capitalista hacia los trabajadores. Esta crítica supone el inicio del giro retórico que emprenden los economistas académicos para desembarazarse de ella y, de este modo, comienza un intento de fundamentar la economía en la ciencia matemática desvinculándola de la política y evitar así la extensa crítica marxista y de la izquierda posterior (Perelman). La transformación de la economía en ciencia económica comienza con el cambio de perspectiva desde la producción al intercambio comercial, lo que va acompañado de un cambio progresivo de la sociedad industrial hacia la sociedad de consumo, aunque la sociedad de consumo no deja de ser una sociedad industrial o industria cultural (Adorno). El giro teórico del análisis de la producción al del comercio se presentó como una necesidad, sobre todo, para evitar una transición revolucionaria del sistema capitalista, de la misma forma que en la práctica se elude la teoría de las tasas de retorno decrecientes gracias a la ampliación de la demanda: la conversión de los trabajadores en consumidores y del proletariado en clase media. El

análisis sobre las tasas de retorno de Marx no fue erróneo sino limitado en su contexto histórico.

En su avance hacia el rigor científico, la nueva ciencia económica sustituye la teoría del valor-trabajo por la teoría de la utilidad marginal (Marshall) que atribuye el valor de los productos a su posición respecto a la oferta y la demanda. Esta teoría profundiza más en la importancia de la demanda que es la que determina el valor del trabajo y el capital. El paradigma de la utilidad marginal se amplia y de este modo se argumenta que el valor de los productos está determinado por una demanda de los consumidores, por la oferta disponible en función de sus costes de producción y del nivel tecnológico y de conocimiento empleados para producirlos.

Poco tiempo después de que la escuela marginalista desarrollara esta teoría, el francés León Walras comenzó a interpretar el sistema económico en términos matemáticos. Ante este cambio de perspectiva se puede observar que la producción queda subordinada al mercado, que la función productiva de los trabajadores queda relegada a un segundo plano y no supone más que uno de los factores productivos en el sistema de intercambio (los denominados recursos humanos) y, de este modo, la crítica marxista sobre la explotación y la plusvalía permanece oculta y obsoleta en la nueva ciencia económica que se fundamenta en las matemáticas y no en la política. Aunque en la práctica el soporte de la producción y el consumo sigan siendo los individuos que componen la sociedad y que soportan la doble alienación productiva y consumista, el mundo económico responde con ecuaciones y un desarrollo abstracto a las paradojas económicas del mundo real.

A la noción del valor-trabajo y los costes de producción se le ha añadido el valor de la demanda y factores subjetivos, con lo que la teoría del valor de la utilidad marginal ha incorporado también en su definición matemática la teoría del valor-trabajo, y a pesar de que el concepto de plusvalía no aparezca en el análisis, continua siendo inseparable del sistema de producción.

Una ampliación de la teoría de la utilidad incorporando en ella otros factores como los salarios, beneficios e intereses, dio lugar a una nueva teoría de la distribución. Los nuevos críticos de la teoría económica ortodoxa se oponen a la idea de una ciencia económica basada en leyes universales. Galbraith se opuso al cientificismo económico y al mito del libre mercado defendiendo en la práctica una regulación institucional. Con la cientificación de la economía se crea un pensamiento económico ortodoxo y fundamentalista que utiliza el método matemático instrumental para consolidarse como ciencia exacta a la vez que empírica en una fluctuación subyugada. De este modo, el uso de la estadística se ha generalizado. La decadencia de la economía académica es un síntoma de la necesidad de transformación de la economía en la sociedad. Lo que Keynes consiguió, en la aplicación práctica de su teoría, con la interacción entre el mercado y el Estado en una supuesta sociedad del bienestar fue la mercantilización total de la vida y la burocratización de la sociedad en su conjunto. Aún defendía en su crítica al laissez-faire el deseo irracional hacia la acumulación y la avaricia como motor del mantenimiento del sistema, y la democracia parlamentaria junto con el liderazgo como guía y destino de la sociedad, una sociedad cercada en sus potencialidades. Pero no fue Keynes el único en desarrollar el socialismo de mercado, el Estado intervencionista ha sido siempre una constante necesaria en la perpetuación del capitalismo. Sin ese desarrollo no habría subsistido.

Libertad y economía

El racionalismo económico identifica la libertad económica con la libertad en general, pero esta "libertad económica" no supone más que el librecambismo de mercancías, el libre mercado, y no una emancipación económica del ciudadano. Hayek y los ideólogos del liberalismo identifican libertad con consumo y ausencia de intervención estatal. Sus argumentos son la sublimación de la tesis de la libre empresa cuya práctica implica la necesidad de trabajar para la mayoría de los ciudadanos en la libre alternativa de trabajar o morir de hambre. Esta necesidad también conlleva un encadenamiento al consumo manipulado y a la productividad que satisface las necesidades lucrativas y especulativas del sistema pero no las necesidades vitales de los individuos, las cuales se subordinan al trabajo y la supervivencia. Si el intervencionismo estatal organizase el mercado a favor del interés público la productividad sería empleada en cubrir las necesidades individuales y colectivas en primer lugar, no en su forma adventicia, en lugar de las necesidades burocráticas y mercantiles. El control público sobre el trabajo, el consumo y la producción es un obstáculo con respecto a la libertad de empresa y el mercantilismo, así como el afán de lucro de los ideólogos, pero supondría la emancipación real del mundo del trabajo, de la precariedad y la supervivencia. Los ciudadanos podrían determinar sus propias necesidades. La libertad individual no es posible sin el control y racionalización de la economía por la sociedad, y esto es imposible si no se lleva a cabo democráticamente por medio de una democracia participativa radical. El racionalismo económico es la reducción del pensamiento a mera utilidad y cálculo, lo que ha posibilitado la falsa separación y la falsa neutralidad con respecto a los factores sociales y políticos que lo determinan; este racionalismo y su esfera particular de comprensión de la sociedad y la economía, es el fundamento de la irracionalidad ideológica que presupone las leyes económicas como leyes matemáticas y naturales, y subordina la sociedad en su conjunto a un biologismo conceptual. Es la racionalidad como irracionalismo, la ausencia de control racional por medio de la racionalidad tecnológica exenta de fundamentos democráticos. La economía depende, de este modo, de elementos ajenos al interés social, es decir, de intereses irracionales de minorías y de un ansia irracional de productividad, competitividad, consumo y poder. La cohesión social viene determinada por la competitividad entre los distintos individuos productivos y consumidores, una competencia en el consumo y la producción, es decir, entre el trabajo y la posesión de bienes. La sociedad se mantiene cohesionada en su forma represiva y por factores irracionales y biologistas, y los individuos se convierten en la estructura básica que sustenta el proceso. La ideología no sólo se mantiene en las estructuras sociales de poder sino también en la actuación y el pensamiento individual. La represión se transforma en cultura y la cultura "naturaliza" la represión, el entramado ideológico se asimila con la cultura en general, y esta cultura se identifica con la Naturaleza. La "dialéctica antropológica", es decir, la oposición dialéctica y teórica entre culturas o entre la civilización y lo que no está integrado, para desvelar mitos e ideologías que existen dentro de la misma civilización en la que se habita, o dicho de otro modo: el contraste entre cosmovisiones para descubrir su contingencia, queda aniquilada ante la integración de la sociedad en el sistema ideológico. El trabajo, el consumo, la vida y la economía son convertidas en actividades, facultades o conceptos que se rigen por leyes naturales que no dejan de ser leyes antropológicas determinadas por intereses dentro de una civilización. La sociedad se convierte en destino fundamentada en un sistema natural, en una Naturaleza, lo que convierte de nuevo la civilización en barbarie. El ideal ascético de "vivir según la Naturaleza" se identifica con el vivir según las leyes de la sociedad, enmascara la represión y es asimilado por cada individuo como un destino absoluto, como un determinismo sin oposición. La irracionalidad del racionalismo económico ha ocupado el espacio de diálogo y reflexión, el espacio público de libertad y el espacio privado de criterio individual, se muestra, por tanto, como un irracionalismo al elevar su concepto y su falsa autonomía a la totalidad irrealizable. El idealismo hegeliano ha sido reducido en la economía de mercado a un totalizador idealismo financiero.

La falsa escisión institucional entre la esfera económica y la esfera política

La progresiva "naturalización" del sistema económico surgió como una necesidad ante la ideología del mercado autorregulado para que el intercambio y la producción se mantuvieran al margen del intervencionismo político y estatal. Aunque la expansión y proliferación del mercado precisó de revoluciones políticas y regulaciones institucionales, su finalidad, al menos en teoría, fue la de la libre actividad e independencia de cualquier intromisión política. Los avances progresivos hacia la creación de un mercado autorregulado o de perfecta competencia han concluido en desastrosos episodios de crisis económicas y sociales. La ideológica escisión entre la esfera económica y la administrativa ha ocasionado repetidos periodos de recesión, guerras, el surgimiento y auge del fascismo y una caótica incertidumbre social que amenaza con una desestabilización constante del sistema. En las circunstancias en las que ha sido necesario un Estado intervencionista y regulador, la dinámica del proceso mercantil y financiero no es alterada sino que el Estado se limita a complementar y adaptar la administración sociopolítica para evitar posibles crisis sistémicas. Es decir, el Estado complementa a la economía, la política se convierte en el instrumento legitimador del mercado aunque su dimensión antropológica de sentido cultural aparezca como una esfera independiente y separada de la economía. La esfera económica se representa como una actividad natural e instrumental, incluso apolítica, ya que el sistema económico es el modo de vida que ideológicamente queda asumido e integrado en la sociedad. El Estado cumple con la función de formar y educar con el interés del incremento productivo que se legitima, entre otras formas, con el concepto de éxito profesional y una preparación que otorga un sentido simbólico a la vida, esto es, la ideología del rendimiento que es inculcada a los escolares y puesta en práctica con la competitividad, el esfuerzo, el sacrificio y la eficacia en los resultados.

El mito del mercado autorregulado ha sido impuesto como ideal en una sociedad de mercado pero ha necesitado para ello de instituciones y de una política represiva, el camino hacia la perfecta competencia y el librecambismo necesita de métodos y regulaciones contrarios al liberalismo económico. Si no se ha conseguido una sociedad de mercado utópica tal como la presentaron los liberales económicos es porque los intentos para llevarla a la realidad han demostrado su imposible ejecución y las consecuencias tan graves de semejante ideología. Pero, el equilibrio intermedio de una economía mixta, con un Estado regulador y un mercado no del todo autónomo, continua siendo una forma de organizar la sociedad en torno a la misma ideología que somete a las instituciones y a los ciudadanos.

El paradigma político y jurídico

El pensamiento económico predominante sitúa a los factores de acumulación de capital, producción, inversión y mercado, como las bases fundamentales de desarrollo y crecimiento de una sociedad. Las instituciones, sin embargo, cumplen un papel secundario y meramente organizativo en este modelo. La democracia surge y se amplía, según estas tesis prevalecientes, a partir del desarrollo económico que origina la industrialización y la creación de mercados, pero estos hechos no resultarían tan obvios si observamos la trayectoria económica y política de casi todos los países y sus sociedades en concreto. Las instituciones que se crearon o modificaron para proteger la propiedad privada, incentivar los mercados y garantizar las libertades jurídicas que permitían el libre comercio, son las verdaderas causas del desarrollo y crecimiento económico en las sociedades, y fueron instituciones las que impulsaron una socialización de la riqueza, en mayor o menor medida, más o menos democráticas, pero siempre basándose en principios ilustrados. El comercio conlleva necesariamente una distribución de la renta, ya sea en forma de salario o de ganancia, mayor que en la de un modelo social con una economía apoyada principalmente en la agricultura.

El paradigma político, jurídico y administrativo es el determinante en la transformación y el desarrollo económico, pasando a ser el mercado tan sólo uno de sus factores pero no el principal. Si la ideología economicista impide la democratización de las instituciones, el desarrollo económico y social se estancará debido a que fue el proceso de apertura, socialización y democracia formal lo que produjo ese desarrollo.

Ante las desigualdades y la ausencia de una participación democrática en las instituciones la productividad se formaliza y el progreso se convierte en un criterio estrictamente económico, es decir, ideológicamente abstracto.

IV

LA RIQUEZA SOCIAL

*"La producción crea mayores necesidades
y la necesidad de una mayor producción.
Hasta ahora se ha hecho caso omiso de
las consecuencias que esto pueda traer."
"Al poner en tela de juicio el supremo poder
de la producción continuamos desafiando
un mito de proporciones heroicas."*

John Kenneth Galbraith

¿A qué llamamos riqueza?

La organización política, con sus medios institucionales, ha creado una realidad económica y ha transformado las relaciones sociales sobre la base de esa realidad. La producción y el capitalismo financiero han sido establecidos por una estructura jurídica y política que ha desarrollado la denominada sociedad de consumo, y esto no podría haber permanecido y prolongarse, ni siquiera hubiera tenido oportunidad de llevarse a cabo, sin la implantación y creación de un campo económico que implicase socializar la riqueza en cierta medida y progresivamente, al mismo tiempo que se incorporara en su sistema al conjunto de la sociedad a pesar de los antagonismos de clase y las minorías excluidas. El protagonismo político sobrepasa al financiero y a los mercados: es desde el poder y la ideología desde donde se realiza y administra la economía de mercado, y su origen no reside en los recursos naturales o tecnológicos exclusivamente. La tecnología y los recursos no generan riqueza por sí solos, necesitan de un marco institucional y productivo adecuado. Para que el capital exista en su forma acumulativa y productiva en manos privadas ha de haber una esfera económica particular en la que opere, la sociedad es reducida a sistema económico para ello. La noción de que la riqueza proviene del trabajo y los medios de producción en la economía clásica, o el concepto de que la riqueza procede del mercado o la libre competencia, o del sistema financiero y la acumulación de capital, quedan abolidos por la actual idea que define la producción de riqueza como el marco político que establece una mayor distribución, es decir, que socializa la economía desde sus presupuestos ideológicos ya que la economía y la riqueza son siempre sociales. Por eso mismo, una democratización de las instituciones garantizaría un bienestar generalizado y un freno a la burocratización y a las tendencias destructivas del mito del libre mercado. La justificación del fundamentalismo de mercado procede de la crítica al sector público en el que se da una división en sus espacios de competencia, las jerarquías y la burocracia hacen que los procesos sean lentos y en ocasiones ineficaces. El liderazgo puede degenerar en tiranías y poca imparcialidad. En el mercado hay una mayor competencia y control, y el reparto de los recursos se considera más eficiente, pero esto es sólo en teoría: en el mundo real no existe una información simétrica (Stiglitz). La libre competencia es una utopía porque siempre surgirán intereses, poderes, trust y corporaciones que limiten la competencia en su propio beneficio. La libre competencia, a su vez, desintegraría las sociedades si pudiese por un extraño milagro llevarse a la práctica (Polanyi) y anula las libertades de unos a favor de las de otros a pesar del planteamiento liberal. Es la cooperación lo que origina desarrollo y es la organización lo que garantiza la libertad. Sobre una posible "ley del porcentaje productivo" se podría construir una demostración de cómo la sociedad se encuentra en una situación invertida, de la misma forma que en épocas pasadas la ideología suplantaba e impedía el desarrollo. La ausencia de sentido social, lejos de ser un problema según el planteamiento estático de Weber y otros críticos del nihilismo es un punto de partida de conflictos y creaciones, permite el movimiento social y el avance hacia otras etapas.

El factor consumo

La necesidad apremiante de elevar la productividad en el sistema capitalista y, consecuentemente, el consumo, se debe a la posible parálisis que tendría lugar si en el sistema se produjese un estancamiento del crecimiento económico. Estas parálisis han ocurrido sucesivamente a lo largo de la historia del capitalismo, entre otras cosas, porque el crecimiento económico es especulativo y abstracto, proviene de la producción que es algo concreto, pero al no socializarse en su mayor parte y quedarse en manos de una minoría privada o burocrática se formaliza y su movimiento degenera en el sistema de crédito constante, es decir, en el capitalismo financiero que provoca una burbuja especulativa para el enriquecimiento de pocos a costa de la sociedad. Cuando se produce un cambio en los tipos de interés, o el endeudamiento a crédito de los estados o de la sociedad ha tocado techo, comienza la recesión. El sistema económico tiene la necesidad constante de expandirse, si la demanda de consumo y el crecimiento no es suficiente para absorber la expansión especulativa propia de este sistema, entonces son los mercados financieros los que mueven el capital, que es siempre social sobre todo en su origen, y en su movimiento crece de forma ficticia y abstracta hasta que la ausencia de una base concreta de crecimiento sale a la luz y se produce una crisis. Las crisis son rotativas, puesto que la expansión constante del capital necesita en sus desigualdades un desarrollo especulativo ficticio.

Por otro lado, no sólo el acicate del hambre, la pobreza, etc., sino también los recursos del marketing, la publicidad, la manipulación, el ánimo de lucro, la posesión irracional y el descenso del nivel cultural y educacional de la población excepto en su variantes meramente técnicas, sirven como impulso para el crecimiento económico, un crecimiento económico mistificado porque solo parcialmente se concreta en desarrollo social a la vez que encadena a la población a una productividad y un consumo alienantes. Esta necesidad del sistema para su propia supervivencia viene dada ante el temor a una posible tendencia a la baja de la cuota de ganancia (como explica Marx, así como sus causas contrarrestantes), lo que ha permitido la continua transformación del capitalismo pero no ha evitado sus constantes crisis económicas. El aumento de la productividad, en el sistema capitalista, no produce más que posteriores períodos de crisis y recesión, entre otras cosas, porque ese aumento de la riqueza que es producido por la sociedad no se socializa, es decir, no se invierte en un desarrollo social concreto más que en un porcentaje mínimo (ley del porcentaje productivo). La riqueza social se condensa en manos privadas, lo que conduce a su inevitable formalización y a desarrollos especulativos. El movimiento del capital social dirigido y programado de forma caótica por los intereses ideológicos del supuesto libre mercado es la base que sustenta el capitalismo financiero, el cual maneja y reproduce los inestables hilos de una sociedad de consumo que basa su crecimiento económico virtual en el sistema crediticio y en la especulación. Ante tan precarias condiciones, es difícil concretar una fundamentación democrática, de desarrollo real y libertad para las sociedades y los individuos. La productividad abocada al consumo desenfrenado e irracional, que endeuda a los colectivos, y el enriquecimiento por medio de este consumo deviene en especulación en todos los niveles y en todos los sectores, aunque los más destacados sean el inmobiliario y el financiero actualmente.

Los gobiernos y las instituciones ponen parches a las crisis, que no se superan sino que se toca fondo hasta el comienzo de un nuevo ciclo de producción-consumo-especulación/inversión-recesión. Un sistema con graves deficiencias, que necesita la desigualdad, la manipulación, la competencia y la represión para continuar su movimiento cíclico. Su desarrollo y tendencia supone, cada vez más, un freno al otro desarrollo que no es el del sistema sino el de la sociedad.

La crisis actual

¿Fue la crisis de 1929 causada por el colapso del sistema bancario exclusivamente? Obviamente no; la superproducción de mercancías, la necesidad de una demanda agregada para ellas, la especulación financiera consiguiente y la creencia en el libre mercado y su mítico equilibrio fueron las causas principales de la Gran Depresión. Lo normal no es que exista una sola causa, aunque nuestra cultura monoteísta nos induzca siempre hacia un fundamento causal, pero si hay un factor importante en la actual crisis y en la de los años treinta, que además es un factor común, es la necesidad constante del sistema capitalista de expansión. Expansión no significa desarrollo aunque sí puede significar crecimiento económico. Como dicha expansión mantiene un movimiento que no se identifica con el desarrollo social concreto, sino que siempre se mantiene en y por intereses privados que en parte pueden socializar el crecimiento como explica la teoría de la filtración, aunque de forma interesada y exagerada, su objetivo real es el enriquecimiento y la mistificación de la riqueza en poder de minorías que radicalizan tanto la acumulación de capital que la economía desemboca en un idealismo abstracto, engordando el crecimiento ficticio de los mercados financieros y provocando un nuevo crac y su posterior recesión y crisis. La crisis es una manifestación de la irracionalidad y la ficción de los mercados, la ausencia de una base concreta de socialización del crecimiento económico. Esto último, contradice en parte las tesis de Galbraith, el cual suponía que las crisis vienen dadas por la ingenuidad de la especulación financiera a la que todos se acaban apuntando y luego se dan cuenta del error. El fallo del sistema no consiste en ingenuidades, en la simple irracionalidad del sistema financiero, en la ausencia de intervención de las instituciones en la economía, sino en el carácter general abstracto antidemocrático del sistema. Las instituciones, como estamos viendo en nuestro actual período de crisis, intervienen en la economía para atenuar los efectos del declive financiero, incluso nacionalizan bancos como en el Reino Unido o Islandia, es decir, ¡retoman medidas socialistas para intentar frenar la crisis! La presión neoliberal, desde la era Reagan, para limitar al máximo la intervención de los estados en la economía, aunque los gobiernos conservadores intervenían política, económica e incluso militarmente en defensa de los intereses económicos de sus naciones y sus multinacionales que no de sus ciudadanos, ha finalizado en un desequilibrio económico constante paralelo al desequilibrio de los mercados, a las instituciones aportando ayudas y financiación pública para intentar estabilizarlos, y en la especulación caótica crediticia que acompaña al crecimiento ficticio del PIB y los mercados financieros. La burbuja inmobiliaria y las hipotecas basura son sólo una pequeña parte de un conglomerado económico fundamentado en la ideología capitalista que, evidentemente, ha fracasado.

Con las instituciones como base y fundamento del mito del libre mercado, siempre respaldando actividades, empresas, corporaciones, etc., por muy arriesgadas que fueran, en lugar de fundamentar el desarrollo social, se pensaba que la reserva federal estadounidense y los gobiernos sortearían con su mano invisible las fluctuaciones económicas y paliarían las consecutivas recesiones en medio de los maremotos mercantiles: la crisis bancaria de 1982, las carteras de valores en 1987, la crisis del sureste asiático, el crac argentino y de otros países de América, la burbuja tecnológica del año 2000, la creciente deuda externa y la dependencia del consumo interno en Estados Unidos, y la burbuja inmobiliaria y financiera de la última década, etc.

Desde la Gran Depresión los mercados habían sido controlados, regulados y supervisados por las instituciones públicas, aunque cada vez con menor intensidad. A partir de los años ochenta se inicia una nueva etapa de liberalismo económico que recupera el laissez-faire. Esta nueva etapa se inicia, según explican sus defensores (Hayek, por ejemplo), debido al estancamiento económico y a la falta de crecimiento de los mercados. El Estado frena la economía y la libertad: ese fue su prejuicio básico. Los neoliberales llevaban razón al afirmar que la socialdemocracia de mercado frena el crecimiento económico y el desarrollo social, pero su solución fue reaccionaria porque postulaba una regresión al pasado y porque las consecuencias no se hicieron esperar: políticas poco democráticas, dictaduras militares en África y América respaldadas por las administraciones occidentales, bolsas de hambre y pobreza en el tercer mundo y en el primer mundo, constantes recesiones combatidas con fondos públicos o refinanciadas constantemente como en la última década, empleo precario y paro, y, por último, crecimiento ficticio de la economía que, por supuesto, desemboca en esta crisis actual. La solución del fundamentalismo de mercado fue la de cortar las venas al enfermo para intentar reanimarle. Pero, además, esta supuesta solución al estancamiento no es solamente la consecuencia de una política, ideología, líderes o gobiernos, es esencialmente la estructura y la base del sistema económico que para poder subsistir precisa, desde sus fundamentos productivos, industriales y mercantiles, una constante expansión (ley de la reproducción ampliada del capital); y como su expansión frena y choca con su inevitable estructura social, puesto que toda producción, desarrollo y riqueza son sociales y se crean en y por la sociedad, se inicia progresivamente en cada período histórico del sistema un crecimiento ficticio y especulativo inflado más allá de la capacidad social de asimilación, entre otras cosas, porque este crecimiento tiene bases sociales pero no finalidades sociales y concretas sino meramente privadas y clasistas. La crisis actual se explica en los medios de comunicación como crisis crediticia o financiera, también se le añade a esta interpretación la hipótesis de la superburbuja, pero no se explican las bases de sus causas originarias: la productividad abocada al consumo y el ánimo de lucro mistificado convertido en sacralidad, así como la necesaria tendencia del sistema de crecer y perpetuarse de cualquier modo hasta su consecuente y cíclica crisis. Asi, pues, el consumo y la producción histérica de bienes de consumo tienen mucho que ver y una relación directa con la actual crisis. El problema no es la no intervención estatal, la irracionalidad de los mercados, la desigualdad económica entre naciones e individuos, el sistema financiero, etc.; el problema son todos estos factores y el sistema económico en su conjunto. Las crisis no sucederían si la sociedad asimilase la misma riqueza que produce, en lugar de que siempre se canalice hacia intereses particulares o burocráticos.

Ley del porcentaje productivo

El consumo y la producción se encuentran en una relación de dependencia recíproca, la producción tiene como finalidad el consumo y éste determina la producción; es decir, es la necesidad del consumo lo que determina la producción (Marx).

En la esfera de la producción se realiza la expropiación del plustrabajo, es decir, del trabajo que sobrepasa las necesidades básicas de subsistencia del trabajador y, también, del trabajo socialmente necesario (si verdaderamente el trabajo social tuviese su razón de ser en la producción de bienes socialmente necesarios y no en la finalidad de la acumulación de capital en manos privadas o burocráticas). Los productos creados, considerados no sólo como mercancías sino también como servicios o actividades que forman parte a su vez de una producción progresivamente más formalizada y compleja, son consumidos por los mismos productores – trabajadores que ya no se encuentran únicamente expropiados porque su salario les mantenga en el nivel de subsistencia, sino porque ahora la participación en la producción les permite sobrepasar el nivel de de subsistencia, sino porque ahora la participación en la producción les permite sobrepasar el nivel de subsistencia más primario y hace posible, por medio del consumo, un encadenamiento aún mayor al sistema productivo a causa de la constante y artificial creación de necesidades. Estas necesidades como mercancías y servicios permiten a los miembros de la sociedad trascender los primitivos niveles de subsistencia para encontrarse ante otros niveles de subsistencia artificialmente creados por la reproducción constante de capital, pero que se les presentan como leyes naturales, y que les esclavizan aunque de una forma mucho más sutil igualmente al estado de supervivencia y a una productividad que les expropia de sus propios medios de producción y de sus productos. Esta es la mínima socialización de la riqueza que el sistema capitalista ha otorgado por necesidad reproductiva, para perpetuarse y expandirse, así como para legitimar política y moralmente una expropiación mercantil y productiva que permanece oculta en relaciones sociales antagónicas que se presentan como naturales. Si esta ínfima pero necesaria socialización de la producción en su forma represiva y alienante, así como expropiadora, y que se reproduce en la conciencia individual y social, ha servido para la supervivencia del sistema capitalista y el desarrollo social, aunque haya evitado o superado crisis sistémicas que podrían haberle puesto fin, ¿qué ocurriría ante una socialización real de la producción?, ¿qué tipo de desarrollo tendría lugar si el control de los medios de producción, el consumo, la productividad y el trabajo pudieran ser desarrollados de forma democrática? Una pretendida ley del porcentaje productivo permite medir el grado de expropiación del trabajo, individual y social o colectivo, así como la otra expropiación por medio del consumo, y del porcentaje de ambas formas alienantes extraer el concepto general por el que la sociedad en su conjunto es enajenada de su propia producción. Los medios de subsistencia, así como los artículos básicos de primera necesidad (como la vivienda) se presentan como bienes de lujo y consumo junto con otras mercancías más superfluas con las que se confunden. ¿Qué porcentaje de la producción corresponde entonces a cada individuo?, ¿Cuál es el porcentaje individual y cuál es el porcentaje social de desarrollo y participación en la producción al margen de la renta per cápita y el PIB que no son más que indicadores abstractos que ocultan el verdadero desarrollo y la riqueza real? Se puede decir que países como Estados Unidos o Francia con respecto a Holanda o Suecia, por ejemplo, son más ricos ateniéndose a la medida de la renta per cápita o el PIB. En Suecia, sin embargo, no existen las capas de pobreza que hay en Francia o en Estados Unidos, o en el resto del mundo, a pesar de que carezca de la potente industria norteamericana y su enorme mercado. Esto demuestra lo abstracto e ideológico de los indicadores que son la renta per cápita y el PIB, y revela la idealización y mistificación de la riqueza que anula sus bases y finalidades concretas. Demuestra una cosa más: que la democratización de las instituciones y la economía llevaron al progreso y al desarrollo social, a pesar de que haya sido muy limitada. La riqueza y el desarrollo económico sólo se pueden medir por el nivel de vida concreto de los ciudadanos, pero no tanto de sus posesiones como de sus libertades: del derecho a vivir por encima de la supervivencia constantemente reproducida.

Epílogo

"El mundo de los campos de concentración… no era una sociedad excepcionalmente monstruosa. Lo que vimos allí era la imagen, y en cierto sentido la quintaesencia, de la sociedad infernal en la que nos sumergimos cada día".

Eugène Ionesco

Puede parecer frustrante que el libro no concluya en una alternativa general o conceptual al sistema económico. No se pretende sustituir un absoluto abstracto con otro. El mundo académico, así como la mayor parte de las personas, está tan acostumbrado y necesitado de una solución utópica y permanente que el texto le resultará incompleto. Así es como me planteé escribirlo, como una obra inacabada que no cayera fácilmente en soluciones ni utopías: los campos de concentración y los cementerios se llenaron con víctimas de profecías utópicas y recetas magistrales en el siglo XX. Decía Herbert Marcuse en el "Final de la utopía" que: "las posibilidades llamadas utópicas no son en absoluto utópicas, sino negación histórico-social determinada de lo existente, la toma de conciencia de esas posibilidades y la toma de conciencia de las fuerzas que las impiden y las niegan exigen de nosotros una oposición muy realista, muy pragmática. Una oposición libre de toda ilusión, pero también de todo derrotismo, el cual traiciona ya por su mera existencia las posibilidades de la libertad en beneficio de lo existente". Si mi propósito fue escapar del idealismo economicista, no sería coherente dejarme llevar por el otro idealismo, en ocasiones crítico, de las filosofías prescriptivas. Mucho menos interesante me parece conspirar con los reaccionarios y estatistas postmodernos, cuya crítica estéril florece a expensas de su manutención por el sistema. He pretendido negar la negación y afirmar la afirmación, sin caer en tentativas conceptuales. El gran problema de la Filosofía ha sido siempre el de restringir su actividad a la abstracción pura y su justificación de la realidad establecida, y el gran problema de las ciencias es su limitada, ideológica y en ocasiones, dogmática configuración. Un saber interdisciplinario es quizás la vía de escape de un cientificismo acotado por las parcelas de los especialistas y, tal vez, el renacimiento de la creatividad. La necesidad mueve a la lucidez, y si la Filosofía no es un saber reducible a estereotipos o con posibilidad de definir, si la Filosofía se define en su actividad como decía Horkheimer, entonces las ciencias tampoco deberían ser acotadas en sus feudos patriarcales. Los últimos economistas se consideraron a sí mismos como filósofos, sobre todo Keynes, y no iban faltos de razón puesto que el pensamiento ha sido reducido a cálculo y estadística. Pero, estancarse en una especialidad es dejar morir la vida del espíritu. Hegel diría que es limitar lo ilimitado, Adorno que es paralizar el movimiento de la idea. La Filosofía que intenta materializar sus pretensiones también debe concretar sus fundamentos. Sin ser hegeliano, ni institucionalista ni keynesiano, sin pertenecer a escuela alguna, tan sólo he querido poner de manifiesto un problema, y quizás su remedio. Una solución, por eso, que no intenta ser definitiva, y en lugar de utópica debería ser concreta. No soy un creador de utopías, no tengo tan alta aspiración. No puedo predecir el futuro de la sociedad ni del sistema, pero sí que puedo interpretar que la sociedad no es un sistema ni se anula en él. La sociedad está organizada en torno a un sistema pero a pesar de ello contiene posibilidades de apertura y cambio. Las crisis económicas generan temor y sirven de estímulo para mantener las formas de control y dominio sobre la sociedad, que es una organización sometida a un sistema cerrado actualmente, y son inmanentes al funcionamiento del sistema que se basa en especular en lugar de distribuir. La ruptura con los absolutos, en la teoría y la práctica, es probablemente un buen inicio para la emancipación. Este último argumento ha sido expuesto por algunos postmodernos como un relato caducado: "el relato de la emancipación". Si prescindimos de los utopismos dejaremos atrás los relatos, seguramente algún que otro postmoderno no necesita emanciparse gracias a su situación acomodada, este no es el caso, sin embargo, de la mayoría de las personas. El

pensamiento deja de ser literatura en el momento en el que
desemboca y se demuestra en la realidad, y si la realidad no es
la adecuada entonces hay que cambiarla. Eso también es
Filosofía.

BIBLIOGRAFÍA

Adorno, Theodor W., *Epistemología y ciencias sociales,* Universitat de Valencia, Cátedra.

Bourdieu, Pierre., *Las estructuras sociales de la economía,* Barcelona, Paidós.
El sentido práctico, Madrid, Siglo XXI.

Beck, Ulrich., *¿Qué es la globalización?, Barcelona, Paidós.*
La sociedad del riesgo, Barcelona, Paidós.

Dopsch, Alfons., *Fundamentos económicos y sociales de la cultura europea,* México, Fondo de Cultura Económica.

Freitas, Andrea C.M., *La experiencia de democracia participativa en Porto Alegre,* andreafreitas@yahoo.com.br

Friedman, Milton y Rose., *Libertad de elegir,* Barcelona, RBA.

Galbraith, John Kenneth., *Breve historia de la euforia financiera,* Barcelona, Ariel.
La sociedad opulenta, Barcelona, Ariel.
La cultura de la satisfacción, Barcelona, Ariel.
La economía del fraude inocente, Barcelona, Crítica.

Galindo Lucas, Alfonso., *La utopía del mercado,* www.eumed.net.

Giddens, Anthony., *La tercera vía*, Madrid, Tecnos.

Guerrero, Diego., *Economía no liberal*, www.eumed.net.

Habermas, Jürgen., *Problemas de legitimación en el capitalismo tardío*, Madrid, Cátedra.

Hayek, Friedrich A., *La libertad y el sistema económico*, www.eumed.net.
Camino de servidumbre, Madrid, Alianza Editorial.

Helpman, Elhanan., *El misterio del crecimiento económico*, Barcelona, Antoni Bosch.

Keynes, John Maynard., *El final del laissez-faire (1926)*, Hogarth Press.
Teoría general de la ocupación, el interés y el dinero, Barcelona, RBA.

Lapavitsas, Costas., *El capitalismo financiarizado*, Madrid, Maia Ediciones.

Marcuse, Herbert., *El hombre unidimensional*, Barcelona, Ariel.

Marx, Karl., *Manuscritos economía y filosofía*, Madrid, Alianza Editorial.
El capital, Madrid, Akal.

La ideología alemana, Barcelona, Ediciones
Grijalbo.
Contribución a la Crítica de la Economía Política,
Granada, Comares.

Perelman, Michael., *El fin de la economía*, Barcelona, Ariel.

Polanyi, Karl., *La gran transformación: los orígenes políticos
y económicos de nuestro tiempo*, Buenos Aires,
Fondo de Cultura Económica.

Sampedro, José Luis., *El mercado y la globalización*,
Barcelona, Destino.

Sennett, Richard., *La cultura del nuevo capitalismo*,
Barcelona, Anagrama.

Smith, Adam., *La riqueza de las naciones*, Madrid,
Alianza Editorial.

Soros, George., *El nuevo paradigma de los mercados
financieros*, Madrid, Taurus.

Stiglitz, Joseph E., *Cómo hacer que funcione la globalización*,
Madrid, Taurus.
El malestar en la globalización, Madrid,
Santillana.

Touraine, Alain., *¿Cómo salir del liberalismo?*, Barcelona,
Ediciones Paidós.

Weber, Max., *La ética protestante y el espíritu del
capitalismo*, Madrid, Alianza Editorial.
Escritos políticos, Madrid, Alianza Editorial.

www.ingramcontent.com/pod-product-compliance
Lightning Source LLC
Chambersburg PA
CBHW012307240726
48656CB00008B/2592